MARCEL NAST
Professeur à la Faculté de Droit de l'Université
de Strasbourg.

—

Le Malaise Alsacien-Lorrain

PARIS
LES ÉDITIONS G. CRÈS ET Cie
21, RUE HAUTEFEUILLE, 21

—

MCMXX

LE MALAISE ALSACIEN-LORRAIN

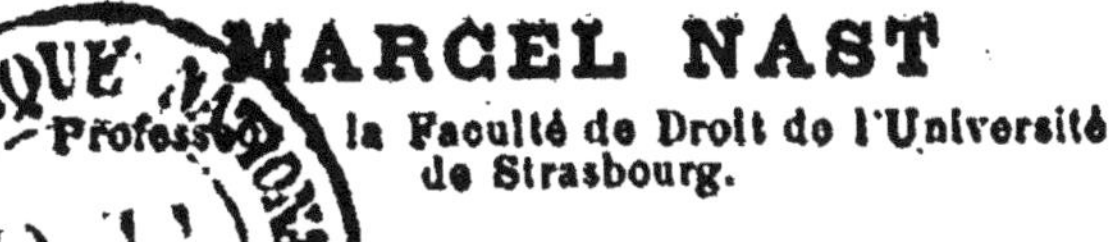

MARCEL NAST
Professeur à la Faculté de Droit de l'Université
de Strasbourg.

—

Le Malaise Alsacien-Lorrain

PARIS
LES ÉDITIONS G. CRÈS ET Cie
21, RUE HAUTEFEUILLE, 21

—

MCMXX

AVANT-PROPOS

*Sur l'invitation qui m'en a été faite, je réunis ici quatre articles, à qui l'*Opinion* a bien voulu récemment offrir l'hospitalité de ses colonnes (nos du 27 juin au 17 juillet). Il a pu, en effet, ne pas paraître inutile de mettre au courant du « malaise Alsacien-Lorrain » les personnes qui ne lisent pas l'*Opinion.

Les articles que j'ai ainsi groupés n'ont qu'un mérite : celui de la franchise et de l'impartialité. J'ai voulu, avant tout, dire tout haut ce que beaucoup pensent et n'osent, ou ne peuvent, pas dire.

Mon plus ferme désir serait qu'on n'interprète pas mal ma pensée et qu'on ne soupçonne en moi aucune prévention à l'endroit des popu-

lations libérées de la domination allemande. C'est au contraire une sympathie très sincère pour les Alsaciens-Lorrains, un amour profond pour l'Alsace-Lorraine, qui m'ont inspiré les pages qui suivent.

Il y a, actuellement, un malentendu qui risque de s'aggraver. Il est peu de personnes qui, après avoir séjourné quelque temps dans les territoires réintégrés à la France, ne soient revenues quelque peu désenchantées. Par une tendance naturelle à la généralisation ou à l'exagération, certaines même semblent disposées à imputer à tous les Alsaciens-Lorrains un état d'esprit qui n'est qu'exceptionnel, mais qui est trop réel dans quelques milieux indigènes.

Ce malentendu doit cesser : il y va de l'intérêt de l'Alsace-Lorraine, il y va, avant tout, de celui de la France. Pour le faire cesser, il faut très franchement, très hardiment, mettre l'opinion publique en garde contre un état d'esprit, qui a pu choquer plus d'un Français « de l'intérieur », qui n'est celui que d'une minorité infime d'Alsaciens-Lorrains et qui, par là même, froisse les sentiments intimes, les aspirations les plus vives, de l'immense majorité des Alsaciens-Lorrains.

C'est à dissiper cet état d'esprit, c'est à faire cesser le « malaise Alsacien-Lorrain » que je me suis efforcé. En ce faisant, je ne me suis inspiré que des intérêts de la France et de ceux des provinces désannexées ; et ma pensée n'a pu se détacher de tous les soldats français, au milieu de qui j'ai vécu pendant cinq ans, dont les souffrances et le sacrifice sublime ont valu à l'Alsace et à la Lorraine leur retour à la France, et à la mémoire de qui je dédie ces lignes.

Strasbourg, le 1er août 1920.

I

Il serait sans doute exagéré de prétendre que les débats qui ont eu lieu à la Chambre, le 3 juin dernier, au sujet de la subvention de 725 millions demandée pour le budget de l'Alsace-Lorraine, aient été particulièrement heureux. On n'a pas voulu envisager de front, et dans son ensemble, le problème du statut de l'Alsace-Lorraine. On n'a peut-être pas dit les choses qui auraient dû être dites, alors que celles qu'on a dites auraient dû être passées sous silence. L'intervention de certains députés des provinces réintégrées n'a peut-être pas été très adroite ni très opportune ; il est regrettable que leurs premières paroles à la tribune n'aient été que des paroles d'amertume et des critiques dirigées contre l'administration et la législation françaises, alors que, sous le voile de ces critiques, se dissimulait parfois l'éloge de l'administration et de la législation allemandes. Il n'est pas sûr, d'autre part, que, étant donné l'état d'esprit qui règne dans certains milieux alsaciens-lorrains, les déclarations du président du Conseil aient été très prudentes.

On a un peu trop oublié qu'il y a toujours, outre-Rhin, des oreilles attentives à tout ce qui se dit au Parlement français, et des esprits singulièrement exercés à déformer et à exploiter les paroles qui y sont prononcées. Il est vraisemblable que nos voisins de l'Est auront éprouvé un sentiment mêlé de joie et d'orgueil, lorsqu'ils auront appris, par la voix de M. l'abbé Muller, que « l'âme alsacienne » a reçu, pendant les quarante-sept ans de la domination allemande, une « éducation solide et ferme ».

D'aucuns pourront, enfin, en songeant aux quinze cent mille soldats français qui, sur les champs de bataille, dorment leur dernier sommeil, ainsi qu'à la « grande pitié » des régions dévastées, estimer un peu vive l'ardeur déployée dans la question de la valorisation du mark.

Quoi qu'il en soit, il ne semble pas que les débats du 3 juin aient contribué un tant soit peu à éclaircir la question alsacienne-lorraine ni à dissiper ce qu'on a appelé le « malaise alsacien ». Raison de plus pour regretter la tournure qu'ils ont prise.

Qu'il y ait un malaise alsacien-alsácien, rien n'est plus certain, et tous ceux qui ont vécu, dans ces derniers mois, quelques semaines dans les territoires reconquis, ont pu le ressentir. Il n'y a, d'ailleurs, pas lieu de s'en étonner : ce malaise était à prévoir, il était presque inéluctable ; il l'était du moins autant que celui qui s'est manifesté dans les régions libérées. Après les heures d'enthousiasme qui ont suivi l'armistice, après les délirantes émotions qui ont accompagné l'entrée en Alsace-Lorraine des soldats de France, il était inévitable que le rêve fût suivi de quelques désillusions, aussi bien chez les Alsaciens-Lorrains que chez les Français de « l'intérieur » ou de « l'ancienne France ». Il n'est pas de « lune de miel » qui dure ; il n'est pas de bonheur sans mélange.

Dans leur joie immense d'être libérés du joug prussien et de redevenir Français, les Alsaciens-Lorrains, ne se souvenant plus que la perfection n'est pas de ce monde, ont peut-être eu des espoirs et des exigences difficiles à réaliser. Dans l'émotion qu'ils ressentirent en mettant les pieds sur le sol, redevenu libre, de l'Alsace-Lorraine encore tout auréolée du martyre, les Français de la vieille France se sont peut-être trop imaginé pénétrer dans une terre promise... Quand le choc fatal des intérêts s'est produit, le mirage s'est évanoui de part et d'autre ; un certain désenchantement est venu. Et cela a, sans doute, été là première cause et la première manifestation du malaise. Les Alsaciens-Lorrains, s'illusionnant quelque peu, avaient pensé qu'à l'administration antérieure serait substituée, dès l'armistice, une administration sans défaut, libérée de toute routine, nullement tracassière, prête à donner satisfaction à tous leurs intérêts : et ils se sont trouvés en face d'une administration qui, comme toute institution humaine, a ses défauts et ses imperfections. Les Français venus de l'intérieur avaient espéré pouvoir vivre une vie paradisiaque dans les territoires désannexés, ou tout au moins une vie facile : ils se sont heurtés à certaines difficultés d'installation et d'existence, et ils ont constaté que, pas plus qu'ailleurs, les habitants n'étaient, en Alsace-

Lorraine, des hommes sans défaut et de nature angélique.

Certes, cette première désillusion n'a nullement diminué les sentiments d'affection et de confiance réciproques. Mais elle a, aux uns et aux autres, ouvert les yeux, et, de part et d'autre, on a été tout naturellement porté à la critique. L'esprit de critique s'est d'autant plus développé qu'il a été habilement entretenu, surtout dans les classes ouvrières, par les trop nombreux « indésirables » qui, après l'armistice, ont continué de séjourner en Alsace-Lorraine et qui y demeurent encore. Dans certains milieux, on n'alla pas jusqu'à regretter l'administration antérieure, mais on n'omettait pas, chaque fois que l'occasion s'en présentait, de faire des comparaisons qui lui étaient favorables.

A en croire MM. les députés Lafont et Uhry, tout le malaise alsacien serait dû uniquement aux fautes du gouvernement français, à celles de l'administration française, à l'incompétence de ses fonctionnaires. A en croire M. l'abbé Muller, le malaise proviendrait de ce que l'on a substitué à un droit administratif, que l'Allemagne avait perfectionné, modernisé, simplifié, une législation administrative vieillie, lourde et sans souplesse. Il serait dû également en partie, aux dires de M. Schuman, à la profusion des fonctionnaires qui encombrent les services administratifs.

Ces griefs ne sont pas les seuls qui soient formulés. Les fonctionnaires alsaciens se plaignent de ce qu'ils n'ont pas encore de statut et de ce que des indemnités de résidence soient payées aux seuls fonctionnaires venus de l'intérieur. On a accusé les directeurs des grands établissements métallurgiques de Lorraine d'avoir voulu remplacer leur personnel indigène par des Français ; et cela a été l'un des prétextes de la grève générale du mois d'avril. D'aucuns voudraient que le commissaire général fût un Alsacien-Lorrain, que ses pouvoirs fussent restreints, et qu'il eût auprès de lui une assemblée élue ; en un mot, que l'organisation de l'Alsace-Lorraine fût l'œuvre des représentants de la population indigène. Derrière ces griefs, il en est d'autres que l'on n'exprime pas ouvertement, mais qui n'en sont pas moins certains : il y a une hostilité assez marquée chez plusieurs auxiliaires de la justice, et chez les commerçants et industriels, envers les lois françaises ; on voudrait maintenir la législation allemande qui, dit-on, est plus moderne, supérieure à la législation française, et que, en tout cas, l'on connaît.

On ne saurait nier que ces griefs, qui n'ont fait qu'aggraver le malaise dû aux premières désillusions, soient en partie justifiés. Il est malheureusement trop vrai qu'au lendemain de l'armistice on a vu s'abattre sur l'Alsace-Lorraine, telle une nuée de sauterelles, un trop grand nombre de jeunes fonctionnaires, qui avaient fait la guerre dans les bureaux des ministères ou dans cette élégante maison parisienne que fut le Service général d'Alsace-Lorraine, et qui n'étaient peut-être pas très préparés à la grande tâche à laquelle ils s'étaient fait convier. On eut un peu trop l'impression qu'il venait de se fonder une nouvelle « république des camarades » ; il était de bon ton d'être envoyé en Alsace et cela, sans doute, ne pouvait nuire à la carrière future, bien au contraire. Certes, le choix de certains fonctionnaires du début fut une grosse erreur du gouvernement d'alors. Mais, il faut le dire bien haut, ces désignations regrettables ne furent qu'exceptionnelles ; d'ailleurs, l'ordre fut rétabli quand M. Millerand fut nommé commissaire général. La grande majorité des fonctionnaires, tout pénétrés de la grandeur de l'œuvre à accomplir, n'ont eu d'autre ambition que de bien servir la France et de la faire aimer, en mettant à son service et à celui de l'Alsace-Lorraine leur talent et leur compétence.

Par ailleurs, il n'est pas très équitable de rendre seuls responsables, tel le baudet de la fable, les premiers administrateurs venus de l'intérieur, des « frictions » qui ont fait suite à l'enthousiasme du début; et l'on peut regretter que, en dehors de M. le commissaire général Alapetite, aucun des députés des départements réintégrés n'ait signalé les difficultés très graves auxquelles s'est heurtée, et se heurte encore, l'administration en Alsace-Lorraine. Je laisse de côté celles qui sont relatives à l'existence matérielle, telles que cherté exagérée de la vie, empressement très modéré ou mauvaise volonté des fournisseurs et des ouvriers, vols commis pendant les transports de mobiliers, etc...

Je fais allusion à la difficulté, dont a parlé M. Alapetite, de connaître l'opinon publique alsacienne-lorraine. Difficulté provenant non seulement de ce que beaucoup d'Allemands, continuant à résider en Alsace-Lorraine, s'efforçaient de créer des courants d'idées tendancieuses et, sinon germanophiles, du moins peu francisantes ; difficulté provenant aussi de ce que l'accord était loin de régner entre les Alsaciens-Lorrains eux-mêmes. On s'est trouvé en présence d'une opinion très divisée, de clans nombreux et souvent hostiles entre eux, de dénonciations et d'accusations réciproques. Car, c'est un fait qui frappe ceux qui viennent du dehors, l'esprit de critique des Alsaciens-Lorrains s'exerce, non seulement contre les étrangers au milieu, mais contre les indigènes eux-mêmes. Les querelles de presse, les querelles politiques, les querelles locales, sont loin d'être à l'état sporadique. Et l'on peut dire sans crainte de se tromper que le choix d'un Commissaire général, pris dans le milieu alsacien-lorrain, aurait été extrêmement délicat et n'aurait certes pas rallié tous les suffrages.

Si l'on ajoute à cela la prudence qu'il fallait et qu'il faut encore observer à l'égard de certains Alsaciens-Lorrains qui essayaient et essayent, par la manifestation un peu intempestive de leurs sentiments francophiles, de faire oublier les faiblesses qu'ils eurent naguère pour le gouvernement vaincu ; si l'on ajoute également certaines indulgences inexplicables à l'égard d'Allemands dont les biens étaient séquestrés : on se rendra compte des difficultés rencontrées par l'Administration française et des écueils entre lesquels il lui fallait louvoyer.

Il y a là un ensemble de faits qu'il était nécessaire de mettre en relief, car ils expliqueront, à ceux qui ont pu en être surpris, le malaise dont il a été parlé à la tribune de la Chambre. Ici, comme en toutes choses, la franchise est de rigueur; ici, comme dans toutes les relations sociales, les fautes et les erreurs ne sont pas unilatérales.

Mais, il faut le reconnaitre bien vite, tous ces faits, toutes ces « frictions », sont destinés à disparaitre : un peu de bonne volonté réciproque suffira à les faire cesser. En tout cas, ce serait une faute que de ramener à eux toute la question alsacienne-lorraine ; il ne faut pas se laisser hypnotiser par eux et détourner ses regard du grand problème qui se pose actuellement, plus pressant que jamais, et qui est celui du statut légal et administratif à donner aux territoires désannexés. Problème qui, un jour prochain, sera posé devant le Parlement français. A vrai dire, ce n'est pas le seul qu'il y aura lieu de résoudre; il est de nombreuses questions connexes qui appellent, dès maintenant, l'attention des pouvoirs publics et qui, toutes mériteraient une étude particulière (régime cultuel, statut des fonctionnaires, statut des avocats-avoués, etc.). Mais tous dépendent, dans une certaine mesure, du problème primordial signalé plus haut.

Or, jusqu'à présent, il ne semble pas que le gouvernement ait eu, à son sujet, une politique très nette, ni qu'il ait obéi à une idée directrice très sûre. D'autre part, les contours de la question ne paraissent pas avoir été, jusqu'à présent, très nettement précisés; on a l'impression que les autorités, au lieu de prévenir les questions à résoudre, ont attendu qu'elles se présentassent et leur ont donné des solutions disparates et peu coordonnées. Le temps n'est plus aux discours sentimentaux, mais aux réalisations. Il faut aborder de front, franchement, le problème du statut de l'Alsace-Lorraine; il faut le voir de haut et largement.

Sans doute, tout le monde est d'accord sur le but à atteindre, c'est-à-dire l'assimilation de l'Alsace-Lorraine. Mais que faut-il entendre par là? et surtout comment réaliser cette assimilation? Bien des équivoques obscurcissent la question. On parle de régionalisme; on parle de pénétration réciproque des législations française et locale. Mais il n'est pas sûr qu'on s'entende sur le sens et la portée de ces expressions, ni qu'on ait envisagé toutes les conséquences des solutions qu'on préconise.

Aussi bien, tout se ramène aux deux questions suivantes : 1° Faut-il donner à l'Alsace-Lorraine un statut administratif spécial? Si oui, quel doit être ce statut, et, en particulier, doit-il être définitif ou transitoire? 2° Faut-il maintenir, en Alsace-Lorraine, la législation locale, ou y introduire la législation française? Dans cette dernière hypothèse, suivant quelles modalités l'introduction doit-elle être réalisée? Et, si l'on conserve transitoirement certaines lois locales, comment se résoudront les conflits inévitables entre la loi française et la loi locale?

II

L'Alsace-Lorraine est actuellement soumise à un régime administratif exceptionnel.

D'une part, on y a maintenu, dans ses grandes lignes, l'organisation d'avant l'armistice. Sans doute, le Parlement local (*Landtag*) n'existe plus; les anciens districts de Lorraine, de Basse-Alsace et de Haute-Alsace ont été remplacés respectivement par les départements de la Moselle, du Bas-Rhin et du Haut-Rhin; les présidents de districts s'appellent préfets, et les *Kreisdirektoren* sont devenus des sous-préfets, les *Bezirkstage* des conseils généraux, les *Kreistage*, des conseils d'arrondissement, les *Gemeinderate* des conseils municipaux. Mais on a conservé aux uns et aux autres leurs attributions antérieures, de même qu'on a conservé le budget local, l'organisation judiciaire locale, et les limites des circonscriptions administratives, telles qu'elles avaient été fixées par la législation allemande.

D'autre part, on a institué un organisme nouveau, destiné d'ailleurs à disparaître, et qui est le Commissariat général. Le commissaire général, qui rappelle beaucoup l'ancien *Statthalter* et dont les attributions n'ont jamais été précisées, exerce, sous l'autorité du président du Conseil et par délégation permanente de ce dernier, l'administration générale des territoires d'Alsace-Lorraine et pourvoit à tous les emplois. Il est assisté d'un certain nombre de directeurs qui ressemblent étrangement aux anciens secrétaires d'État. Enfin, jusqu'en mars dernier, il existait un « Conseil supérieur », non élu, qui donnait son avis sur toutes les questions d'administration générale que lui soumettait le commissaire général et qui pouvait se saisir, en vue de propositions et d'avis, de toutes questions d'ordre général intéressant les territoires réintégrés. Supprimé en mars, ce Conseil n'a jusqu'à présent pas été remplacé.

Que ce régime hybride, contre lequel s'est élevé M. le député Lafont, doive disparaître ;

tout le monde en tombera aisément d'accord. Aussi bien, la loi du 17 octobre 1919 sur le régime transitoire de l'Alsace-Lorraine a expressément stipulé que le Commissariat général n'était maintenu qu'à titre transitoire. L'organisation actuelle n'est donc que provisoire et doit, un jour ou l'autre, faire place à un statut définitif. Mais alors deux questions se posent : 1° Ce statut définitif devra-t-il être spécial aux trois départements nouveaux? 2° En attendant qu'il soit établi, faut-il maintenir le Commissariat général?

A la première question, j'estime qu'il faut, hardiment et franchement, répondre non; et je suis heureux d'être d'accord, sur ce point, avec la *Revue d'Alsace et de Lorraine*, dont les tendances francophiles sont particulièrement nettes et qui a publié, dans ses numéros d'avril et mai, deux articles de son rédacteur en chef, M. Œsinger, adjoint au maire de Strasbourg, inspirés par le plus haut patriotisme en même temps que très courageux. Il y a, en effet, en ce moment une équivoque, qui est exploitée par certains esprits à tendances très particularistes, et qu'il importe de faire disparaître au plus tôt; car elle pourrait, si elle se prolongeait et se développait, compromettre l'avenir de l'Alsace-Lorraine et, il faut le dire nettement, constituerait un danger pour la France. On a parlé un peu partout, et on parle encore beaucoup, pour l'Alsace-Lorraine, d'une organisation régionaliste, et la Chambre est actuellement saisie d'un projet de loi qui jettera, s'il est voté, les premières bases du régionalisme en Alsace-Lorraine, en instaurant un « Conseil régional ». Or, il est à craindre que, sous le couvert de l'idée régionaliste, ne viennent se dissimuler des tendances autonomistes ou particularistes, auxquelles certains milieux alsaciens ne sont que trop favorables et contre lesquelles M. Œsinger a tenu à mettre en garde l'opinion publique. Crainte d'autant plus fondée, qu'on n'a pas dit jusqu'à présent en quoi devra consister le régionalisme alsacien-lorrain, et notamment s'il devra être purement économique ou à la fois économique et administratif. Les réponses des députés et sénateurs d'Alsace-Lorraine aux questions que la *Revue d'Alsace-Lorraine* leur a posées en ce qui concerne le projet relatif au « Conseil régional », manifestent à cet égard les plus grandes divergences de vues.

Il faut bien le remarquer : je ne prétends pas, et personne ne saurait prétendre, qu'il faille toucher aux mœurs, aux coutumes, ou même au dialecte de l'Alsace et de la Lorraine. Ce serait là chose impossible : la Révolution, bien qu'elle ait supprimé les provinces et réalisé l'unité française, n'a pas empêché la survie des coutumes bretonnes, normandes, provençales ou basques. Et, la chose serait-elle possible, ce serait une aberration que de vouloir détruire tout ce qui fait l'originalité des Alsaciens, des Lorrains, des Poitevins ou des Savoyards.

On peut de même admettre que, si certaines habitudes administratives françaises ne peuvent s'adapter aux mœurs alsaciennes-lorraines et s'il est reconnu que, même ailleurs, elles sont regrettables, il serait opportun de les modifier : de simples circulaires ministérielles pourraient, à ce sujet, réaliser d'utiles réformes.

D'autre part, je tiens également à le faire observer, il ne s'agit pas de savoir si le régionalisme est bon ou mauvais, ni quel il devrait être. Les très intéressantes études qu'a déjà publiées et que publie actuellement l'*Opinion* ont mis le public au courant de la question.

Le seul problème qui se pose, en ce qui concerne l'Alsace-Lorraine, est de savoir si on doit introduire le régionalisme dans les territoires reconquis, *sans l'introduire en même temps dans le reste de la France.* C'est à la question ainsi posée que je réponds non ; les considérations suivantes conduisent à penser que ce serait une erreur profonde, une erreur grosse de conséquences très graves, que de doter d'un statut spécial l'Alsace-Lorraine.

Tout d'abord, il ne semble pas qu'il y ait de motif bien déterminant pour soustraire l'Alsace-Lorraine à l'organisation politique et administrative du reste de la France. Comme l'écrit très justement M. Œsinger, « le pays délivré du joug allemand doit parvenir à vivre aussi complètement que possible de la vie nationale française, qui doit être la sienne dans l'avenir ». On dit souvent, il est vrai, qu'on ne peut effacer d'un trait de plume les cinquante années qui viennent de s'écouler, ni supprimer les libertés acquises, ni détruire une organisation régionale dont les populations locales se sont bien trouvées. Il y a là une équivoque, dont abusent certains esprits tendancieux. C'est oublier, en effet, que l'Alsace et la Lorraine ont vécu plus de cinquante ans, il me semble, de la vie française ; — c'est oublier que le gouvernement du Kaiser n'avait pas, bien au contraire, donné aux populations qu'il jugulait plus de libertés qu'on en a en France, — et que, si en 1911 une Constitution avait été donnée à l'Alsace-Lorraine, il ne s'agissait là que d'une autonomie nominale et toute superficielle. C'est oublier surtout que l'Allemagne avait maintenu, dans ses grandes lignes, l'organisation administrative française, et que, partant, l'assimilation des départements alsaciens-lorrains aux autres départements français peut se faire sans apporter de modifications profondes au régime actuel. Dès l'instant où aucun motif vraiment sérieux ne justifie un statut spécial pour l'Alsace-Lorraine, pourquoi vouloir risquer d'éveiller certaines jalousies ? Il faut être impartial : et, si l'on compare la situation actuelle des régions françaises dévastées, ruinées, encore toutes sanglantes, à la situation prospère, florissante et riche des territoires désannexés, on peut hésiter à donner à ces derniers un statut qui, il faut appeler les choses par leur nom, constituerait un privilège.

En outre, et encore ici je ne puis mieux

faire que de rapporter les propres paroles de M. Œsinger, « le vocable Alsace-Lorraine ne correspond pas à ce qu'on est convenu d'appeler une région ». L'Alsace-Lorraine est une création allemande ; elle a été une entité administrative artificielle, qui a servi à faire des territoires arrachés à la France un *Reichsland*. Historiquement, géographiquement, économiquement, l'Alsace et la Lorraine sont deux régions distinctes, et rien ne ressemble moins physiquement et moralement, à un Alsacien qu'un Lorrain. La Lorraine désannexée se rattache, non à l'Alsace, mais à l'ancienne Lorraine française ; l'Alsace se rattacherait plutôt aux Vosges qu'à la Lorraine. Et cela est si vrai qu'il est déjà question d'instituer, non pas un Conseil régional unique pour l'Alsace-Lorraine, mais deux Conseils régionaux, un pour l'Alsace, l'autre pour la Lorraine. L'Alsace et la Lorraine ne sont que deux sœurs qui ont été unies dans le malheur, mais dont la vie, désormais, ne peut être qu'indépendante. Et, si cela est exact, il faut bien voir ce qu'il y a aujourd'hui, sous ce vocable « Alsace-Lorraine » : il n'y a plus, en réalité, que trois départements qui se sont ajoutés aux départements de l'ancienne France. Mais alors, admettra-t-on que trois départements français soient dotés d'une organisation administrative différente de celle des autres départements? Ou, si l'on veut faire du régionalisme logique et utile, et si l'on rattache le nouveau département de la Moselle à la Meurthe-et-Moselle et à la Meuse, pour en faire une région, — les départements du Haut-Rhin et du Bas-Rhin à ceux des Vosges et de la Haute-Saône, pour en faire une autre, — le statut spécial qu'on prétend instaurer ou maintenir devra s'étendre à la Meurthe-et-Moselle, à la Meuse, aux Vosges et à la Haute-Saône. Osera-t-on aller jusque-là?

Enfin et surtout, « gardons-nous de créer un *régionalisme spécial* à l'Alsace ou à la Lorraine, dont le but avoué ou caché serait de porter atteinte aux lois fondamentales de la République française », et de faire de l'Alsace une « deuxième Irlande (1) ». Là est le danger, d'autant plus à craindre qu'il n'apparaît pas au grand jour : il y a encore trop de tendances particularistes en Alsace, avouées ou non, pour qu'on ne

(1) Œsinger, articles cités plus haut.

puisse pas s'empêcher de redouter qu'une organisation spéciale à l'Alsace-Lorraine ne conduise insensiblement à l'autonomie. Si l'on a encore présents à la mémoire les incidents de l'an passé et la démarche que dut faire inopinément à Metz M. Millerand, si l'on connaît les résistances encore trop réelles que la francisation rencontre dans certains milieux, où la domination allemande n'a pas été sans laisser des empreintes regrettables, on peut être convaincu que le danger signalé plus haut n'est pas chimérique. D'un régionalisme, spécial à l'Alsace-Lorraine, à l'autonomie, la pente est extrêmement glissante. Il faut soulever le voile et bien voir les choses : en instaurant un statut particulier, on risque de rétablir un nouveau *Reichsland*, et de faire un premier pas vers le fédéralisme. De bons esprits peuvent, sans doute, penser que l'unification, réalisée par la Révolution, ne convient plus à l'heure actuelle et qu'on pourrait établir une organisation administrative toute nouvelle. Mais, si c'est à cela qu'on veut arriver, qu'on le dise franchement, pour qu'on puisse savoir où l'on va. Ce qu'il faut éviter à tout prix, c'est que, sous le couvert d'un statut spécial, on ne poursuive en Alsace-Lorraine une politique d'autonomie qui, si elle « était bonne pour l'Allemagne..., ne serait qu'un acte de trahison à l'égard de la France ».

La conséquence immédiate de l'assimilation complète des trois nouveaux départements aux anciens devra être la suppression du Commissariat général, qui n'aura plus sa raison d'être et dont la survivance contribuerait à faire de l'Alsace-Lorraine un nouveau Reichsland : aucun vestige ne devra subsister de ce que M. Lafont a appelé un « régime bâtard ». Mais cette assimilation n'est pas encore réalisée, pas plus, ainsi que je l'exposerai plus loin, que l'assimilation législative. En attendant, et à titre transitoire, il est nécessaire de conserver le Commissariat général, ainsi que l'a déclaré le président du Conseil à la séance du 3 juin.

On a cependant proposé de le remplacer par un ministère de l'Alsace-Lorraine, ou tout au moins d'élever le commissaire général au rang de ministre, pour qu'il soit responsable devant le Parlement. Cette dernière proposition, qui paraît beaucoup tenir à cœur à M. l'abbé Wetterlé, semble bien inutile : le commissaire général est le délégué du président du Conseil; au point de vue constitutionnel, celui-ci est responsable devant le Parlement des actes de son délégué, et l'on ne voit pas très bien à quoi servirait de superposer à sa responsabilité celle de son délégué. Quant à créer un ministère d'Alsace-Lorraine, en supprimant le commissariat, il y a tout lieu d'estimer que ce serait peut-être une solution dangereuse et tout à fait inopportune. Il n'est pas d'exemples, — ou, s'il en est, ils sont bien rares, — où le transitoire ne soit définitivement transitoire. Le ministère d'Alsace-Lorraine, qui serait un nouvel appât pour les ambitions ministérielles de nos honorables parlementaires, durerait certainement plus qu'il ne serait nécessaire; pour permettre de donner satisfaction à quelque député en mal de devenir ministre, on serait enclin à le maintenir. Ce serait retarder d'autant l'assimilation si désirable; car, pour que ce ministère ait de quoi s'occuper, il faudrait bien laisser sommeiller quelques-unes des réformes à introduire en Alsace-Lorraine.

Au surplus, il ne faudrait pas cependant qu'on oublie la grosse faute commise en 1918 : jusqu'en mars 1919, toutes les questions relatives à l'Alsace-Lorraine se réglaient à Paris, chaque département ministériel tenant à s'en occuper. Cette centralisation eut des conséquences regrettables, et l'on se rappelle sans doute les incidents qu'elle engendra à Strasbourg et à Metz. Les administrations centrales ignoraient à peu près tout de la question alsacienne-lorraine, ou du moins ne connaissaient guère la législation ni les coutumes et institutions locales. La situation était analogue à celle d'un état-major qui aurait prétendu diriger des opérations militaires, sans rien connaître du terrain où ces opérations devaient être poursuivies. Pour régler les questions nombreuses, nées de la réintégration de l'Alsace-Lorraine, il faut être sur place. Un ministère d'Alsace-Lorraine renouvellerait les fautes du début ; même ayant à sa tête un Alsacien ou un Lorrain, il ne posséderait pas tous les éléments des questions à résoudre. Un ministre alsacien connaîtrait, sans doute les besoins, les désirs, les habitudes de l'Alsace ; il ignorerait ceux de la Lorraine. Un ministre lorrain ne connaîtrait pas mieux ceux de l'Alsace.

Il est donc de toute nécessité que le gouvernement soit renseigné par un haut fonctionnaire impartial, et que ce haut fonctionnaire réside en Alsace-Lorraine. L'institution du Commissariat général répond parfaitement à cette nécessité. Elle y répond d'autant mieux que le commissaire général peut s'entourer d'Alsaciens et de Lorrains, choisis dans tous les milieux et dans tous les partis, qui lui donneront des avis éclairés et qu'il pourra toujours utilement consulter. Faudrait-il aller plus loin et conférer à ce conseil ou à ces conseils le pouvoir de délibérer et de prendre des décisions impératives? On peut hésiter à l'admettre : ne serait-ce pas rétablir le *Landtag?* Ne risquerait-on pas de voir l'intérêt général, l'intérêt de la France, passer après les intérêts très particuliers des nouveaux départements? Ne serait-ce pas retarder d'autant la fusion à laquelle tout le monde, — sinon dans les actes, du moins dans les paroles, — semble aspirer? Il existe encore trop de tendances particularistes pour que l'expérience ne soit pas sans danger.

III

Non moins grave, non moins pressante que celle de l'organisation administrative de l'Alsace-Lorraine, est la question du statut législatif qu'il y a lieu de conférer aux trois nouveaux départements. C'est surtout à son endroit que se rencontrent les résistances les plus vives; les critiques les plus injustifiées, les plus irréfléchies, sont dirigées contre la législation française. Oh! sans doute, il est rare que les unes et les autres se manifestent au grand jour; mais elles se dissimulent sous des sophismes et sous des équivoques, par quoi des esprits peu avertis peuvent se laisser séduire, ou, ce qui est plus irritant, sous un éloge intempestif de la législation allemande. Il est vrai que ces résistances et ces critiques ne se rencontrent pas partout ni dans tous les milieux : dans la région de Mulhouse, les Alsaciens-Lorrains de vieille souche, sont entièrement favorables aux institutions françaises. A Strasbourg et à Metz, au contraire, les commerçants et les industriels, les auxiliaires de la justice, tout au moins ceux qui appartiennent aux jeunes générations, sont en général assez hostiles à l'abrogation des lois germaniques.

Je voudrais ici, aussi brièvement que possible, et comme dans les pages précédentes, essayer de dissiper les équivoques. Il ne faut pas que la religion du Parlement soit surprise, quand la question sera portée devant lui; les intérêts en jeu sont trop importants pour que les Chambres, avant de prendre parti, ne se fassent pas un devoir impérieux de connaître tous les éléments de la question.

Actuellement encore, vingt mois après l'armistice, la législation en vigueur, en Alsace-Lorraine, est la législation *allemande*. (Par un euphémisme dangereux, on l'appelle la législation « locale »; en réalité cette législation locale n'est que la législation allemande, car, à part quelques lois très particulières, l'Alsace-Lorraine était, avant l'armistice, soumise à la législation d'Empire.) Les lois allemandes ont en effet été maintenues provisoirement, d'abord par un décret du 6 décembre 1918, puis par une loi du 17 octobre 1919, aux termes de laquelle l'introduction du droit français ne se peut faire que par des lois spéciales ou, s'il y a urgence, par décret soumis à la ratification du Parlement dans le délai d'un mois. Bien plus : suivant une pratique constante, d'ailleurs contestable, les lois françaises, votées depuis l'armistice ou même depuis la mise à exécution du Traité de paix, ne sont considérées comme applicables en Alsace-Lorraine que si elles contiennent à ce sujet une disposition formelle ou si elles sont introduites par un décret spécial.

De fait, en dehors de quelques textes législatifs spéciaux, seul le droit pénal français et la procédure pénale française ont été introduites en novembre dernier. La législation civile, commerciale, industrielle, financière, etc., est toujours la législation allemande. Le Commissariat général a bien constitué plusieurs commissions, composées de magistrats, de professeurs, d'Alsaciens-Lorrains, en vue de préparer les décrets introductifs des lois métropolitaines; mais leurs travaux n'ont pas encore tous abouti ou rencontrent de sérieuses oppositions.

Tout le monde paraît d'accord sur ce point : il faut poursuivre l'unification du droit, où ce que M. le président du Conseil a, peut-être imprudemment, appelé la « pénétration réciproque » des deux législations. Mais on ne s'entend pas sur le procédé à suivre. Deux voies semblent ouvertes. L'une consiste à introduire en bloc la législation française dans les territoires réintégrés, sous réserve de certaines dispositions transitoires et tout en conservant certaines institutions qu'il serait utile d'étendre à toute la France. L'autre consiste à conserver *définitivement* en Alsace-Lorraine la législation allemande, sous réserve de l'introduction, dans les nouveaux départements, de certaines lois françaises. C'est vers l'adoption de ce deuxième procédé que sont dirigés les efforts de certains juristes alsaciens-lorrains. C'est en sa faveur que se sont ouvertement prononcés, en ce qui concerne la législation commerciale, la *Chambre de Commerce de Strasbourg* et le *Comité consultatif du Commerce et de l'Industrie de Metz*, et cela, contrairement à l'avis de la *Chambre de Commerce* et de la *Société Industrielle de Mulhouse*, contrairement aussi aux conclusions d'un remarquable rapport de M. Fleurent, président de la Chambre Commerciale du Tribunal régional de Strasbourg, et aux propositions de mon savant collègue M. Bourcart, professeur de droit commercial à l'Université de Strasbourg.

Des motifs impérieux, pensera-t-on, sont sans doute mis en avant pour justifier l'adoption d'une procédure qui, de prime abord, est faite pour surprendre. Examinons-les.

On fait remarquer, en premier lieu, qu'après l'annexion de 1871, l'Allemagne a laissé subsister, en Alsace-Lorraine, la législation française : ce n'est que plusieurs années plus tard, que le droit allemand fut introduit. La France voudrait-elle donc se montrer moins libérale que l'Empire allemand? — On ajoute qu'on ne peut sans injustice et sans risque de soulever de violents mécontentements, supprimer des droits acquis, ni modifier, d'un trait de plume, des habitudes vieilles de près de cinquante ans. Les autorités françaises les plus haut placées n'ont-elles pas, d'ailleurs, promis que la France respecterait les mœurs, les croyances, les habitudes, des provinces désannexées? — Enfin et surtout on se plaît à mettre en relief la supériorité du droit allemand sur le droit français : la législation germanique a tous les mérites, tous les avantages, toutes les séductions de la jeunesse. D'origine récente, elle s'adapte parfaitement aux nécessités économiques modernes, aux mœurs contemporaines, aux idées actuelles. Au contraire, malgré le respect dû à son âge, on ne saurait méconnaître que la législation française est bien vieille : ses codes remontent au premier Empire. Elle n'est pas au courant des progrès modernes, elle n'est plus en harmonie avec les mœurs et les idées du jour; elle constitue une entrave à l'essor économique et social. Ne serait-ce pas un grossier anachronisme que de la substituer, en Alsace-Lorraine, à une législation jeune et savante, alors que le vrai progrès devrait consister au contraire à profiter de l'occasion, — occasion unique, s'il en fût, — pour étendre à la vieille France ces lois si pleinement en harmonie avec les besoins modernes, et pour reléguer parmi les « vieux papiers » et les documents historiques, les codes, déjà poussiéreux, du premier Empire? Sous le prétexte de l'unification du droit, veut-on risquer de porter un coup mortel à l'Alsace-Lorraine et arrêter son développement commercial et industriel?

* * *

Cette argumentation est impressionnante; elle séduira, sans doute, les esprits novateurs qui se croient libres de préjugés. Le malheur est qu'elle repose ou sur des erreurs, ou sur des équivoques; elle n'est que fallacieuse. Je ne dirait rien de la joie qu'ont dû éprouver les Allemands en lisant dans les journaux alsaciens-lorrains que les commerçants et industriels se prononçaient pour le maintien des lois dites locales, ni de la satisfaction d'orgueil que cette nouvelle a sans doute donnée aux juristes d'outre-Rhin. Je ne dirai rien non plus de la maladresse, pour ne pas dire plus, avec laquelle on compare sans cesse la conduite du gouvernement français depuis 1918 avec celle du gouvernement allemand après 1871. Mais, en nous plaçant sur le seul terrain des faits, voyons où est la vérité.

Il est d'abord quelque peu contradictoire de prétendre, d'une part, qu'il serait dangereux de supprimer d'un coup une législation à laquelle, depuis près de cinquante ans, sont habituées les populations d'Alsace et de Lorraine, et d'insister, d'autre part, sur ce fait que le gouvernement allemand aurait laissé, durant plusieurs années, subsister la législation française. Si ce dernier fait est exact, — et, comme je vais le montrer, il l'est dans une certaine mesure —, comment peut-on sérieusement parler d'une accoutumance déjà vieille à la législation allemande?

Aussi bien, voici comment les choses se sont passées au lendemain du crime de 1871. Au moment de l'annexion, les lois générales ou lois d'Empire étaient fort peu nombreuses: chaque État particulier avait sa législation propre. Il n'existait ni code civil, ni code d'organisation judiciaire, ni code de procédure pénale, ni code de procédure civile. Il existait seulement un code de commerce datant de 1861 ; et un code pénal venait d'être promulgué le 15 mai 1871. Comme, d'autre part, l'Alsace-Lorraine n'avait été rattachée à aucun État particulier, mais était terre d'Empire, on ne pouvait faire autrement, en l'absence d'une législation générale, que d'y laisser subsister la législation française. Cela explique en particulier pourquoi, jusqu'en 1900, le code civil français est demeuré en vigueur en Alsace-Lorraine, comme il l'est resté d'ailleurs dans le Palatinat, dans la Prusse Rhénane, en Bade; c'est en effet seulement en 1900 que l'Allemagne fut dotée d'un code civil général.

Si donc le gouvernement allemand a laissé subsister, après l'annexion, la législation française, ce ne fut pas, comme on l'insinue, pour ménager les intérêts des Alsaciens-Lorrains, mais seulement parce qu'il n'y avait aucune législation d'Empire qui pût s'appliquer dans les territoires arrachés à la France. Et ce qui le prouve, c'est que, sitôt qu'une loi générale était promulguée, elle était presque immédiatement étendue à l'Alsace-Lorraine. Dès le 30 août 1871, on y introduisit le code pénal du 15 mai précédent; dès le 19 juin 1872, le code de commerce de 1861; il en fut de même des codes d'organisation judiciaire et de procédure civile de 1877, de la loi des faillites, etc.

Bref, il est inexact de dire que le gouvernement allemand a pris en considération les intérêts des Alsaciens-Lorrains pour introduire, seulement par étapes successives, la législation allemande. Il est, de même, inexact de dire d'une manière absolue que, depuis près de cinquante ans, les Alsaciens-Lorrains sont habitués à la législation allemande; jusqu'en 1900, ils ont été régis par le code civil français; jusqu'en 1878 et 1879, par le code de procédure civile et le code de procédure pénale français.

Le respect des « droits acquis » ne saurait être non plus un motif suffisant pour maintenir la législation locale. Les droits acquis! voilà un terme qui prête à bien des équivoques, une expression magique dont usent et abusent les adversaires de toute réforme législative ou sociale, sans, du reste, prendre jamais la peine d'en dire la signification précise. Si les prétendus droits acquis devaient être intangibles, aucune réforme ne serait possible; toute l'œuvre de la Révolution française serait une monstrueuse injustice; seraient des lois d'iniquité, les lois qui ont interdit la fabrication de l'absinthe, supprimé les bureaux de placement, annulé les contrats passés avec les Allemands, puni la traite des blanches ou le vagabondage spécial, etc. Le respect des droits acquis, cela veut dire seulement qu'en principe on ne doit pas porter atteinte à des droits qui sont nés sous l'empire d'une législation antérieure et conformément aux dispositions de cette législation; cela ne saurait vouloir dire qu'*à l'avenir* les droits qui viendront à naître, ne pourront être soumis à un statut différent de l'ancien.

Plus sérieux et plus solide paraît être l'argument fondé sur la supériorité du droit allemand : supériorité due à sa nouveauté. Mais est-il exact et faut-il, pour ainsi dire, se laisser hypnotiser par lui? Certes, je ne suis pas de ceux qui se refusent à reconnaître toute valeur aux lois étrangères; mais je ne suis pas de ceux non plus qui, par ce fait seul qu'une loi n'est pas française, se plaisent à la considérer a priori comme étant parfaite. En l'espèce, comme on dit au Palais, c'est cet état d'esprit qu'on tend à faire revivre; on se croirait revenu à l'avant-guerre, où il était de bon ton d'admirer, les yeux fermés, tout ce qui avait une origine germanique. *Deutsche Gesetze über alles!...* Or, il est faux de dire systématiquement que la législation française est vieille et qu'elle n'a pas suivi l'évolution morale, économique et sociale du siècle dernier. Ceux qui le disent ne la connaissent pas et font injure au Parlement français. S'il est exact que nos codes remontent au premier Empire, il n'est pas moins vrai qu'ils ont été sans cesse modifiés, complétés par des lois nouvelles, mis en harmonie avec les nécessités contemporaines; et l'on ne saurait, sans injustice et sans erreur grossière, passer sous silence l'œuvre si remarquable, si pleine de souplesse, si hardie parfois, de la jurisprudence, dont les efforts ont constamment été tendus vers l'adaptation des lois aux mœurs et aux besoins modernes. En outre et surtout, c'est un pur sophisme que de prétendre qu'une loi est supérieure à une autre, parce que plus récente. Nouveauté n'est nullement synonyme de supériorité; et c'est une dangereuse équivoque que d'affirmer, a priori, que la législation allemande est supérieure à la législation française, parce qu'elle est plus jeune. Ce qui fait la supériorité d'une loi, ce n'est pas son ancienneté ou sa jeunesse : mais c'est sa valeur intrinsèque, sa justice, son harmonie avec les idées et les mœurs, la satisfaction qu'elle donne aux aspirations de la conscience et aux intérêts humains. Et l'on pourrait citer des règles, remontant au droit romain, qui sont infiniment meilleures que certaines règles juridiques nouvelles. Or, sans entrer ici dans une discussion technique, il n'est nullement établi que les lois allemandes soient meilleures, dans leur ensemble, que les lois françaises : bien souvent, elles manquent de souplesse, elles constituent une réglementation touffue et rigide, qui s'oppose à toute évolution et à tout progrès de la jurisprudence. Bien plus ; il n'est nullement prouvé que les Alsaciens-Lorrains s'y soient aussi facilement adaptés qu'on se plaît à le dire : il est telles dispositions, dans le code civil allemand en particulier, qui ont heurté et qui heurtent encore les habitudes et les mœurs des populations libérées.

Au fond, j'ai bien peur que la prétendue utilité du droit local ne soit qu'un prétexte, derrière lequel se dissimulent l'appréhension et l'ennui, pour les auxiliaires de la justice, d'être obligés d'apprendre le droit français. J'ai bien peur que les résistances et les protestations des Chambres de commerce de Strasbourg et de Metz ne soient motivées que par le désir de sauvegarder des intérêts particuliers : on voudrait conserver du droit allemand, *non pas ce qui est conforme aux intérêts généraux de la France*, mais ce qui est utile aux intérêts de certains commerçants ou industriels alsaciens-lorrains, et on voudrait, en même temps, prendre, dans le droit français, ce qui est utile également aux mêmes intérêts.

*
* *

Si le problème de la législation en Alsace-Lorraine est bien posé, il n'est pas douteux que le Parlement se ralliera sans hésiter au principe de *l'introduction générale des lois françaises en Alsace-Lorraine*. La « pénétration réciproque » des législations française et locale ne se fera pas par le maintien des lois allemandes, que l'on compléterait ou modifierait au moyen de certaines lois françaises, mais bien par l'introduction des lois françaises que l'on complétera ou modifiera par le maintien de certaines lois locales. Les droits acquis seront sauvegardés par des dispositions transitoires. Les institutions locales, les lois allemandes, dont le maintien s'imposera par des nécessités réelles, seront conservées : mais étant entendu que l'opportunité de leur maintien sera apprécié *d'un point de vue général* et non pas particulariste, et que, dans un bref délai, ces dispositions légales, reconnues bonnes *en elles-mêmes*, seront étendues à *toute la France*. Il y aurait grand profit, par exemple, à maintenir en Alsace-Lorraine et à étendre à toute la France le régime des assurances sociales, l'institution des registres fonciers, celle des sociétés à responsabilité limitée, etc.

Poursuivre autrement l'assimilation législative des départements alsaciens-lorrains, ce serait donner un semblant de vérité aux allégations mensongères des Allemands, qui prétendent avoir germanisé l'Alsace-Lorraine et qui soutiennent que les Alsaciens-Lorrains ne peuvent vivre de la vie française ni s'adapter aux institutions de France. Ce serait supprimer l'unité législative en France, revenir à cent cinquante ans en arrière, et peut-être, faire un premier pas vers le démembrement de la France : car les Bretons, les Normands, les Provençaux ou les Béarnais, ne comprendraient pas pourquoi, si leurs intérêts venaient à le commander, on leur refuserait une législation spéciale. Ce serait, enfin et surtout, maintenir le *Reichsland* et conserver la fiction de « l'Alsace-Lorraine », dont j'ai montré précédemment la fausseté et contre laquelle, récomment, s'est très justement élevé M. Jean, député de la Moselle (1). Car, s'il est exact que l'Alsace et la Lorraine ne constituent pas une province ; si, au point de vue régional, le département de la Moselle devrait être rattaché, non à ceux du Haut-Rhin et du Bas-Rhin, mais à ceux de la Meuse et de la Meurthe-et-Moselle, comment pourrait-on, sans laisser subsister l'unité fictive de l'Alsace et de la Lorraine, maintenir, dans les trois nouveaux départements français, une législation spéciale ?... A moins de vouloir hardiment rompre avec l'unité législative de la France, la conséquence inéluctable du maintien des lois locales en Alsace-Lorraine serait l'extension de ces lois à toute la France : autrement dit, ce serait d'introduire en France la législation allemande. Ce qui ne saurait déplaire à nos voisins de l'Est et ce qui serait, pour le moins, plutôt original. Mais voudra-t-on aller jusque-là ? C'est fort douteux.

(1) *L'Alsacien et Lorrain de Paris*, n° du 27 juin 1920.

IV

A lire ce qui s'écrit, à entendre ce qui se dit, sur le malaise alsacien, une constatation frappe les esprits impartiaux : il n'est jamais question que des intérêts des Alsaciens-Lorrains. Il semble qu'en aucune façon les intérêts des Français « métropolitains » ne soient en jeu. Cette impression est très nette, quand on examine, comme je l'ai fait plus haut, le côté législatif du problème alsacien-lorrain.

Tôt ou tard, l'assimilation des départements réintégrés se fera par l'introduction des lois françaises. Mais elle n'est pas encore faite : pour ne pas mécontenter les populations délivrées du joug allemand, pour ne pas bouleverser sans ménagement leurs habitudes et leurs coutumes, pour donner satisfaction à leurs desiderata, il a été décidé que, provisoirement, les lois allemandes demeureraient en vigueur en Alsace-Lorraine. Seulement, on a oublié une chose : c'est de préciser le domaine d'application des lois locales. S'appliquent-elles uniquement aux Alsaciens-Lorrains domiciliés, au moment de l'armistice, dans les territoires réintégrés ? S'appliquent-elles également aux Français venus de l'intérieur, ou de passage en Alsace-Lorraine ? Les contrats qui sont conclus entre Alsaciens-Lorrains et Français de l'intérieur sont-ils régis par la législation française ou par la législation allemande ?

Près de deux ans après l'armistice, les militaires, les fonctionnaires métropolitains, les Français établis en Alsace-Lorraine, en sont encore à se demander sous quelle loi ils vivent. L'un d'eux veut-il se marier ? Il ne sait s'il doit observer les prescriptions de la loi française ou de la loi allemande. Un autre vient-il à décéder ? Le notaire qui liquide sa succession ignore s'il doit remettre les biens aux héritiers appelés par le code civil français ou à ceux que le code civil allemand désigne ; et, si le défunt laissé un enfant mineur, il y a doute sur la loi applicable à l'organisation et au fonctionnement de la tutelle. Des Français, non Alsaciens-Lorrains, veulent-ils fonder en Alsace une société commerciale ? Ils ne savent pas s'il leur est possible de la constituer en la forme française, et ils préféreront (le cas s'est produit) établir leur société à Belfort plutôt qu'à Mulhouse, à Nancy plutôt qu'à Metz, afin d'éviter l'application possible de la loi allemande. Résultat qui n'est pas pour déplaire aux partisans de « l'Alsace-Lorraine aux Alsaciens-Lorrains », mais qui ne facilitera certes pas la fusion commerciale et économique. En tout cas, la situation des militaires, des fonctionnaires, et de tous autres Français établis en Alsace-Lorraine est, au point de vue légal, absolument incertaine. Il est nécessaire, il est *urgent* que le Parlement se décide à régler ce que, dans le style juridique, l'on appelle les « conflits » entre la loi française et la loi locale.

Ce n'est pourtant point la faute du Commissariat général si la question n'est pas résolue. Dès l'automne 1919, il a chargé une Commission de préparer un projet de loi, destiné à prévenir et à régler les conflits de lois. Les travaux de cette commission ont abouti à la rédaction d'un rapport tout à fait remarquable, suivi de propositions très judicieuses, conformes en général aux principes du droit international privé, et qui sont de nature à faciliter la transition de la législation locale à la législation française. Ces propositions ont été transmises au gouvernement dans le courant de janvier ; le gouvernement a fait siens le rapport et les conclusions de la Commission, et, il y a quelque temps déjà, il a déposé sur le bureau de la Chambre un projet de loi qui n'est autre que le projet de la Commission. La tâche du Parlement est ainsi toute facilitée. Avec un peu de bonne volonté, le projet pourrait être rapidement voté. Mais on en entend guère parler ; peut-être est-il appelé à dormir quelques mois encore... A moins que, — on le murmure —, il n'ait été envoyé pour avis à quelques juristes alsaciens-lorrains, dont les prédilections pour le droit germanique sont connues et qui sont naturellement disposés à malmener quelque peu le projet dont s'agit. Il serait cependant profondément regrettable que ce projet ne fût pas voté dans le plus bref délai, et tel qu'il est.

Car, sans vouloir ici l'exposer dans ses détails, je dois reconnaître qu'il a un triple mérite : il est à la fois équitable et logique, il évite certaines conséquences tout à fait choquantes que produirait infailliblement tout système contraire à celui qu'il adopte, il prépare la voie à l'introduction du droit français.

***

En disposant que, sauf en ce qui concerne leurs biens situés en Alsace-Lorraine, les Français, non indigènes, sont soumis à la loi française et non à la loi locale, le projet du gouvernement est logique et équitable. Si, en effet, la législation allemande a provisoirement été maintenue, c'est qu'on a voulu tenir compte de certains intérêts légitimes des Alsaciens-Lorrains et ménager des habitudes par eux acquises. Motif tout particulier, qui ne saurait justifier en aucune façon l'application du droit allemand aux Français non Alsaciens Lorrains. Car, s'il est équitable et opportun de ne pas bouleverser d'un coup les habitudes des populations locales, il est non moins juste et nécessaire de ne pas imposer aux Français venus de l'intérieur une législation qu'ils ignorent. Aussi bien, et la remarque mérite d'être mise en relief, ces Français n'ont jamais connu que la législation française, alors que les Alsaciens-Lorrains ne sont soumis aux lois allemandes que depuis, au plus, cinquante ans, et même, pour le Code civil, que depuis vingt ans. Il semble donc que l'intérêt des Français, établis dans les nouveaux départements, à n'être pas soustraits à l'application de leur loi d'origine, est tout aussi respectable, sinon plus, que celui des Alsaciens-Lorrains à conserver provisoirement la législation locale. On peut ajouter que, très certainement, le droit français sera introduit en Alsace-Lorraine : d'ici peu d'années, ou même d'ici quelques mois, ce sera chose faite en grande partie. Ne serait-il pas absurde et maladroit de soumettre au droit allemand, durant ces quelques années ou ces quelques mois seulement, les Français, non Alsaciens-Lorrains, domiciliés dans les territoires désannexés, ou qui, domiciliés ailleurs, ont à passer des actes juridiques en Alsace-Lorraine ?

Ce n'est pas tout, et voyons les conséquences auxquelles conduirait l'application purement territoriale des lois locales. Voici un Français qui, domicilié en Allemagne, y meurt : d'après le droit allemand, sa succession sera dévolue suivant les prescriptions de la loi nationale, c'est-à-dire de la loi française; la tutelle de ses enfants mineurs sera également, en principe, régie par la loi française. Qu'un autre Français, domicilié, lui, en Alsace-Lorraine, y décède : sa succession serait dévolue suivant la loi locale, c'est-à-dire suivant la loi *allemande;* la tutelle de ses enfants mineurs serait organisée d'après les prescriptions de la loi allemande. — De même, si un Français vient à se marier en Allemagne, sa capacité, son aptitude au mariage seront déterminées par la loi française : notamment, il pourra se marier à 18 ans; car, d'après le droit allemand, l'aptitude d'un étranger à contracter mariage est fixée par la loi nationale de l'intéressé. Que si ce même Français veut se marier en Alsace-Lorraine, ce serait au contraire la loi locale, c'est-à-dire la loi *allemande*, qui s'appliquerait : ce jeune homme ne pourrait pas se marier avant 21 ans. — Conclusion : en Allemagne, les Français seraient soumis à l'application du droit français; en Alsace-Lorraine, c'est-à-dire *en France*, à celle du droit allemand ! En sorte que les Français non Alsaciens-Lorrains seraient moins bien traités en Alsace-Lorraine qu'en Allemagne, et qu'on se montrerait plus

Allemand sur une partie du territoire français qu'en Allemagne ! Est-ce cela qu'on veut ? est-ce cela que le Parlement consentira à consacrer ?... Si oui, les Français établis en Alsace-Lorraine (et beaucoup, tels les militaires, n'y sont pas de leur plein gré) en seront réduits à passer les Vosges, pour se marier conformément à la loi française, et, si c'est possible, pour... y mourir.

Le projet dont j'ai parlé a au moins le mérite d'éviter de telles conséquences, puisqu'il soustrait à l'application de la loi locale les Français non Alsaciens-Lorrains. D'autre part, il a l'avantage de faciliter l'adaptation des Alsaciens-Lorrains au droit français. Non seulement, la loi locale ne s'appliquerait qu'à ceux d'entre eux qui sont domiciliés en Alsace-Lorraine ; mais ceux mêmes qui y sont domiciliés seraient autorisés, en se mariant, à adopter l'un des régimes matrimoniaux français, ou, s'ils ne font pas de contrat de mariage, seraient mariés sous le régime de la communauté de notre Code civil, et, pour tous actes juridiques qu'ils viendraient à passer, ils pourraient déclarer se soumettre aux règles de la législation française. Il y aurait là une disposition très heureuse qui, sans conteste possible, faciliterait et favoriserait les transactions entré Alsaciens-Lorrains et autres Français.

En tout cas, quelle que soit la solution à laquelle doive s'arrêter le Parlement, il est nécessaire que, le plus tôt possible, il prenne parti et détermine très nettement le domaine d'application de la loi locale en Alsace-Lorraine. Tant qu'il ne l'aura pas fait et tant que la législation allemande sera maintenue dans les territoires réintégrés, les Français non Alsaciens-Lorrains se trouveront, au point de vue juridique, dans une situation qui ne sera faite que d'incertitude... Peut-être ont-ils quelque droit, eux aussi, à n'être pas trop longtemps oubliés.

CONCLUSION

A ceux qui ne le savaient déjà, M. Schuman, du haut de la tribune de la Chambre, a appris que les Alsaciens-Lorrains sont des réalistes; c'est là une qualité, et l'on ne saurait en faire grief à quiconque est assez heureux pour la posséder. Les autres Français sont moins réalistes et se laissent volontiers aller au sentimentalisme ; la politique suivie jusqu'à ce jour à l'égard des territoires libérés parait s'en être ressentie. M. l'abbé Muller l'a déclaré sans détour : beaucoup ont cru qu'il suffisait de s'abandonner à la joie de se retrouver après quarante-sept ans de séparation, pour que toute question fût résolue. De là est né, en partie, le malaise alsacien-lorrain : réalistes et sentimentaux ne peuvent se comprendre que difficilement.

L'heure est venue d'en finir avec une politique trop empreinte de sentiment, et d'abandonner, dans les discours officiels, dans la presse, certains « clichés » sentimentaux qui, à force d'en abuser, sont devenus aussi agaçants que le furent, pour les combattants, les épithètes, trop généreusement dispensées, de « poilus héroïques » ou de « sublimes héros ». Le malaise alsacien-lorrain semble ne s'être manifesté jusqu'à présent que sous la forme de récriminations locales, auxquelles d'ailleurs, il n'a jamais été répondu nettement et d'une manière « réaliste ». Si l'on veut faire cesser le malaise, il faut avoir une politique nette : en présence de réalistes, dont la franchise est parfois rude, il faut aborder franchement les questions et les résoudre en réaliste.

Dans ces quelques articles auxquels l'*Opinion* a bien voulu offrir l'hospitalité, je n'ai pas eu la prétention d'étudier tous les problèmes que soulève la réintégration de l'Alsace-Lorraine à la France, et, encore moins, d'apporter des solutions définitives. J'ai voulu simplement dégager quelques idées directrices, et surtout dissiper, parfois avec quelque rudesse, certaines équivoques dangereuses, qui ne peuvent que prolonger le malaise, et dont il faut d'autant plus se méfier qu'elles sont souvent enveloppées d'une argumentation séduisante. Y ai-je réussi ?... Je ne puis que le répéter : le malaise prendra fin, les équivoques disparaîtront, le jour où, très simplement, l'on posera le problème en ces termes : malgré sa réintégration dans l'unité française, l'Alsace-Lorraine doit-elle avoir un statut spécial ? Il importe de le remarquer : il ne s'agit nullement de supprimer les mœurs, les coutumes locales, tout ce qui, en un mot, fait l'originalité, le charme si prenant, de l'Alsace-Lorraine. Il s'agit uniquement de savoir si, *au point de vue administratif et législatif*, les trois départements repris à l'Allemagne doivent vivre *sous un régime différent de celui des autres départements français*.

C'est ainsi qu'il faut poser le problème, si on veut éviter le péril, encore trop menaçant, d'un particularisme qui frise l'autonomie, et qui se dissimule habilement sous d'autres noms ; il y a encore trop de germes particularistes, qui n'apparaissent pas au grand jour, mais que l'on devine. Sans doute, l'immense majorité des populations locales est demeurée parfaitement saine. Mais, — il faut oser le dire, — certains milieux ne se sont pas encore libérés de l'empreinte que, fatalement, une domination, — et quelle domination! — de près de cinquante ans devait y laisser. Il ne faudrait cependant pas qu'une minorité, très habile, très tenace, très agissante, puisse, sous prétexte de régionalisme, de réalisme, ou autres mots en « isme », aller à l'encontre du sentiment général et étouffer les très vives et très sincères aspirations de la majorité. L'émotion de redevenir Français fut sincère, la joie profonde : les inoubliables journée du mois de novembre 1918 furent la plus éclatante et la plus décisive réponse aux idées de plébiscite. Mais, dès l'instant où l'on redevient Français, dès l'instant surtout où l'on se dit heureux de l'être redevenu, on doit avoir la volonté *sincère* de vivre de la vie française. Une attitude faite uniquement de récrimination ou d'opposition, comme l'a si bien dit M. Œsinger, était un devoir à l'égard de l'Allemagne; elle serait un crime à l'égard de la France.

Il faut effacer les cinquante ansqui viennent de s'écouler et souder l'année 1918 à l'année 1870.

Alors, vous, les protestataires de Bordeaux vous, les proscrits d'Alsace-Lorraine, et vous, jeunes alsaciens qui n'avez jamais cessé de lutter contre la domination allemande : vous oublierez les mauvais jours et vos espérances seront devenues des réalités. Et toi, petit soldat de France, qui, malgré les souffrances sans nom, n'a jamais désespéré; toi qui, même aux heures les plus sombres, n'as pas un seul instant osé douter de la Victoire; toi qui, dans les champs ravagés de la Somme, de la Champagne, de Verdun, ou dans les plaines tristes et humides des Flandres, dors ton dernier sommeil : tu reposeras en paix et ne regretteras pas le sacrifice de ta jeunesse et de ta vie...

4812. — Tours, Imprimerie E. Arrault et Cie.

www.ingramcontent.com/pod-product-compliance
Ingram Content Group UK Ltd.
Pitfield, Milton Keynes, MK11 3LW, UK
UKHW020326220726
13923UKWH00003B/1393